Brahms

op. 108

1. Satz, Takt 48, 50 und 52:
Bleistiftkorrektur von der Hand des Komponisten im Handexemplar

1st movement, bars 48, 50 and 52:
Pencilled corrections by the composer in his own copy

(Sammlungen der Gesellschaft der Musikfreunde, Wien)

Wiener Urtext Edition

UT 50013

Johannes Brahms

Sonate für Klavier und Violine d-Moll op. 108

Sonata for Piano and Violin D minor op. 108

Nach dem Originaldruck herausgegeben von Bernhard Stockmann
Einrichtung der Violinstimme von Günter Kehr
Fingersätze in der Klavierstimme von Jörg Demus

Edited from the original edition by Bernhard Stockmann
Violin part edited by Günter Kehr
Fingering in the piano part by Jörg Demus

Wiener Urtext Edition, Schott/Universal Edition

Wiener Urtext Edition, Musikverlag Ges. m. b. H. & Co., K. G., Wien
Ein Gemeinschaftsunternehmen der Verlage Schott Music GmbH & Co. KG, Mainz und Universal Edition, Wien

© 1973 by Wiener Urtext Edition, Musikverlag Ges. m. b. H. & Co., K. G., Wien · Printed in Austria
Zehnte Auflage / Tenth Edition

ISMN M-50057-012-7

VORWORT

Im gleichen Thuner Sommer 1886, in welchem die A-Dur-Violinsonate entstand, begann Johannes Brahms mit der Komposition seiner dritten Violinsonate d-Moll; er beendete sie jedoch erst 1888. Wie viele andere Kammermusikwerke schickte Brahms die Sonate zunächst im Manuskript an Elisabeth von Herzogenberg, die Frau des in Berlin wirkenden Professors für Komposition Heinrich von Herzogenberg, eine begeisterte Verehrerin seiner Werke und mit Brahms seit seiner ersten Wiener Zeit befreundet.

In einem Brief vom 6. November 1888 schreibt sie nach vielen schwärmerischen Worten über das neue Werk: „Noch einen kleinen Vorschlag: Schreiben Sie doch die Doppelgriffe im Scherzo anfangs für Pizzicato — es klingt noch einmal so gut.

Gestrichen wirkt die Stelle abstrakt, man hört wohl Töne, aber keinen Klang und unterscheidet mit Mühe die an sich doch recht komplizierte verwickelte Folge." Frau von Herzogenberg gibt als Notenbeispiel dazu:

(Takt 13—15)

Brahms befolgte ihren Rat teilweise, indem er die Doppelgriffe zwar bei der Wiederholung pizzicato spielen läßt, sie am Anfang in der gedruckten Violinstimme aber durch Tenutostriche noch verbreiterte.

Bernhard Stockmann

PREFACE

Johannes Brahms began the composition of his third violin sonata in D minor during the same summer of 1886 at Thun in which the A major violin sonata had been conceived; he did not complete it until 1888, however. As he did with many other of his chamber music works, Brahms sent the sonata in MS. first of all to Elisabeth von Herzogenberg, the wife of Heinrich von Herzogenberg, who worked in Berlin as a professor of composition; she was a fervent admirer of his works, and had known Brahms since his first days in Vienna.

In a letter of 6th November, 1888, she wrote, after many enthusiastic words about the new work, "Another small suggestion: write the double-stops

in the Scherzo to be played 'pizzicato' at first—it sounds twice as good. The passage has an abstract effect if bowed; one certainly hears notes, but there is no resonance, and it is difficult to distinguish the complicated and intricate harmonic progression." Frau von Herzogenberg also gives an example:

(bars 13—15)

Brahms followed her advice in part, in that he directed the double-stops to be played 'pizzicato' at the repeat, but even broadened them with 'tenuto' strokes at the beginning in the printed violin part.

Bernhard Stockmann

SONATE D-MOLL

Opus 108

1886/88

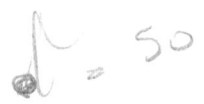

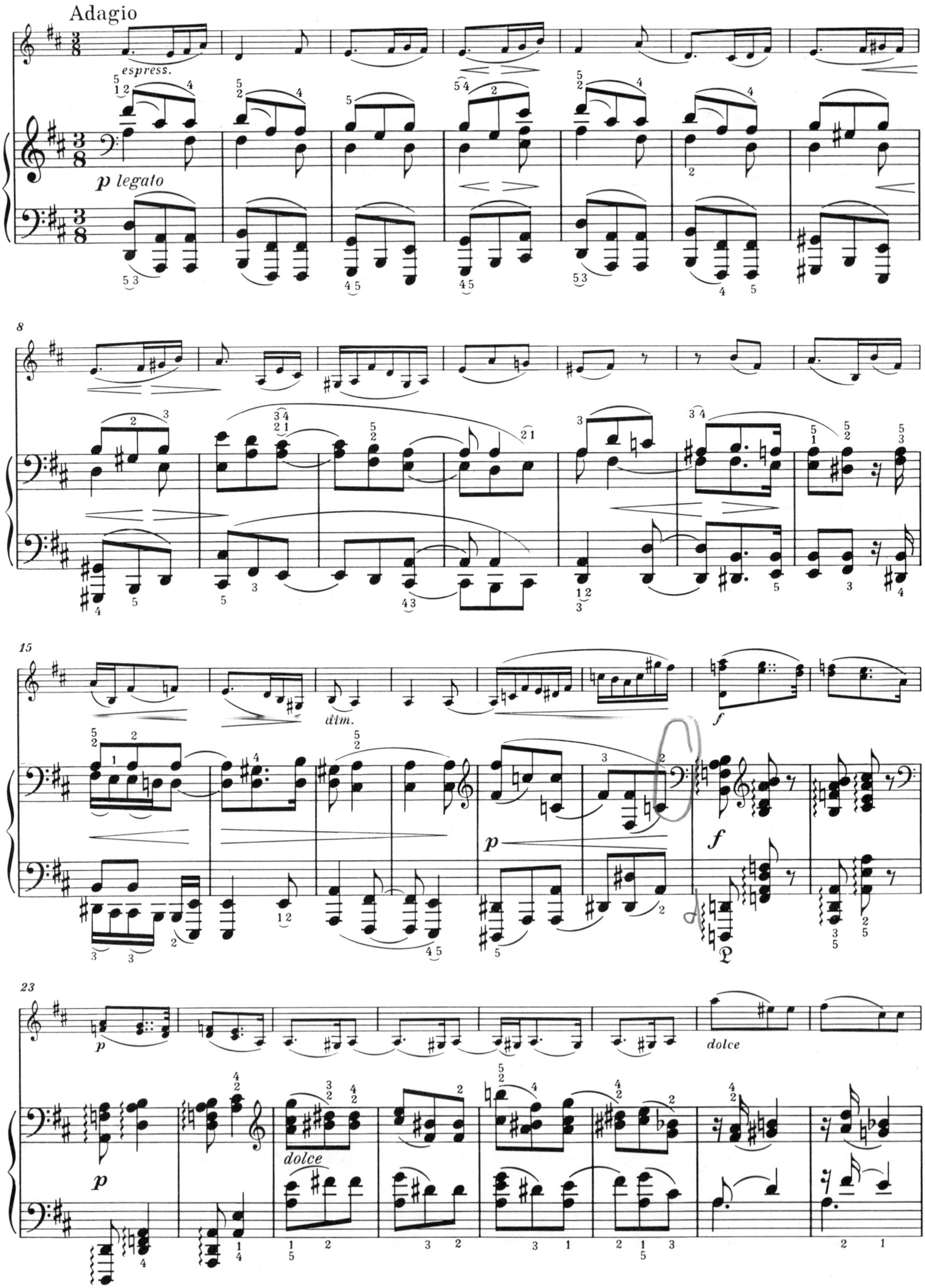
Adagio
espress.
p legato
dim.
f
p
dolce

Un poco presto e con sentimento

p

p dolce

legg.

f

VORSCHLÄGE ZUR INTERPRETATION

1. Satz
Takt

7—8	Die Dynamik im Klavier entspricht den Takten 3—4.
102—103	Im Klavier kann ein kleines *diminuendo* gemacht werden wie in Takt 91 angegeben.
220—227	Im Klavier gelten die Legatobögen der rechten Hand auch für die linke Hand.

2. Satz
Takt

1	Der Takt läßt sich auf der Violine bequem auf einem Bogen spielen, wenn der Geiger eine relativ schlanke, aber sehr warme Tongebung bevorzugt; ebenso in Takt 3, 4 u. ä.

3. Satz
Takt

65 ff.	Die Stelle sollte *ben marcato* gespielt werden.

4. Satz
Takt

73 ff.	Die Stelle ist *senza crescendo* zu spielen.
85 ff.	Im Klavier l. H. gut *legato* spielen; ebenso Takt 264 ff.
147 ff.	Das *diminuendo* sollte in Takt 150 *pp* erreichen; von da an ist im Klavier l. H. *poco marcato* zu spielen.
311—312	Das *non legato* ist zu beachten; ebenso in Takt 315—316 und Takt 335—336.

Jörg Demus
Günter Kehr

KRITISCHE ANMERKUNGEN

Für die vorliegende Ausgabe wurden folgende Quellen benutzt:

1. Der Originaldruck (ODr), erschienen bei N. Simrock 1889 in Berlin: *Dritte Sonate (d-Moll) für Pianoforte und Violine von Johannes Brahms, op. 108. Seinem Freunde Hans von Bülow gewidmet.* Partitur und Einzelstimme (Verlagsnummer: 9196).
2. Das Handexemplar von Brahms (Simrock-Ausgabe). Für die Gewährung der Einsichtnahme sei der Gesellschaft der Musikfreunde, Wien, gedankt, in deren Besitz sich das Exemplar befindet.

Das Autograph ist nicht bekannt. Das Handexemplar enthält im 1. Satz folgende Bleistiftkorrekturen von Brahms:

Takt 48 Klavier l. H.:

Takt 50 Klavier l. H.:

Takt 52 Klavier l. H.:

Die gleichen Korrekturen befinden sich in den Takten 186—190.

Ergänzungen des Herausgebers wurden in der Neuausgabe nur dort — durch eckige Klammern beziehungsweise Kleinstich — kenntlich gemacht, wo sie nicht nach strenger Analogie gesetzt wurden:

1. Satz
Takt
23	ODr: In der Violine fehlen die Staccatopunkte
66	ODr: In der Violine fehlt der Staccatopunkt auf a'''
102	ODr, Einzelstimme: In der Violine auf dem 1. Achtel ein Akzent; ebenso in Takt 103
191	ODr: Im Klavier r. H. 2.—4. Viertel ohne Bogen
228—232	ODr: Im Klavier fehlen die Staccatopunkte, in l. H. auch die Bögen

2. Satz
Takt
60	ODr: Im Klavier r. H. fehlt der Bogen über den Zweiunddreißigsteln
63—66	ODr: Im Klavier r. H. fehlen die Bögen über den Zweiunddreißigsteln

3. Satz
Takt
1—3	ODr, Einzelstimme: In der Violine Tenutostriche statt Staccatopunkte; ebenso in Takt 5, 2. Viertel, Takt 6—8, Takt 9, 2. Viertel, Takt 10 und 11, Takt 13, 2. Viertel, und Takt 14—16
16	ODr: Im Klavier r. H. fehlt das Decrescendozeichen
114—116	ODr: Im Klavier r. H. fehlt der untere Bogen; ebenso Takt 117—118
139—140	ODr: Im Klavier Bogen taktweise

4. Satz
Takt
42—48	ODr: Im Klavier l. H. fehlen die unteren Bögen

SUGGESTIONS FOR PERFORMANCE

1st movement
bar

7—8	The dynamics in the piano correspond to those of bar 3—4.
102—103	In the piano a little *diminuendo* like the one written in bar 91 can be made.
220—227	In the piano the r. h. slurs apply to l. h. too.

2nd movement
bar

1	The bar can be played on the violin comfortably in one bow if the violinist prefers a relatively slender but very warm tone; likewise bar 3, 4 and similar bars.

3rd movement
bar

65 ff.	The passage should be played *ben marcato*.

4th movement
bar

73 ff.	Play this passage *senza crescendo*.
85 ff.	A good *legato* in the piano, l. h.; likewise bar 264 ff.
147 ff.	The *diminuendo* should reach *pp* in bar 150; from then on, *poco marcato* in the piano, l. h.
311—312	The *non legato* is to be observed; likewise in bar 315—316 and bar 335—336.

Jörg Demus
Günter Kehr

CRITICAL NOTES

The following sources were used in preparing the present edition:

1. The original edition (OE) published by N. Simrock, Berlin, 1889: *Dritte Sonate (d-Moll) für Pianoforte und Violine von Johannes Brahms, op. 108. Seinem Freunde Hans von Bülow gewidmet.* Score and solo part (No. 9196).

2. Brahms' own copy (Simrock edition). We wish to thank the Gesellschaft der Musikfreunde, Vienna, for permission to examine the copy, which is preserved in its Archives.

The whereabouts of the autograph is not known. Brahms' copy has the following pencilled corrections by the composer in the 1st movement:

Bar 48, piano l. h.:

Bar 50, piano l. h.:

Bar 52, piano l. h.:

The same corrections are found in bars 186—190.

Editorial additions in the new edition have been set off, by square brackets or small print, only when they are not based on strict analogy.

1st movement

bar	
23	OE: no staccato dots in the violin
66	OE: no staccato dot on a''' in violin
102	OE: in violin part an accent on 1st quaver; likewise in b. 103
191	OE: piano r. h. no slur for 2nd—4th crotchet
228—232	OE: no staccato dots in piano, in l. h. slurs lacking too

2nd movement

bar	
60	OE: in piano r. h. no slur over the demisemiquavers
63—66	OE: in piano r. h. no slurs over the demisemiquavers

3rd movement

bar	
1—5	OE: in violin part tenuto strokes instead of staccato dots; likewise in b. 5, 2nd crotchet; b. 6—8; b. 9, 2nd crotchet; b. 10 and 11; b. 13, 2nd crotchet; and b. 14—16
16	OE: no decrescendo marking in piano r. h.
114—116	OE: lower slur lacking in piano r. h.; likewise b. 117—118
139—140	OE: piano slurred in bars

4th movement

bar	
42—48	OE: lower slurs lacking in piano l. h.

WIENER URTEXT EDITION

Werke für Streicher und Bläser mit und ohne Klavier

J. S. BACH
UT 50002	2 Sonaten für Violine und Basso continuo BWV 1021, 1023
UT 50018/19	6 Sonaten für Violine und Cembalo, 2 Bände BWV 1014–1019
UT 50133	Suiten für Violoncello solo BWV 1007–1012
UT 50260	Suite I für Violoncello solo G-Dur BWV 1007

BEETHOVEN
UT 50017	Variationen über Volksweisen op. 105 / op. 107 für Klavier (und Flöte ad lib.)
UT 50247	Sonaten für Violoncello und Klavier (mit Violoncello-Fassung der Hornsonate op. 17)

BRAHMS
UT 50015	Sonate für Klavier und Klarinette (oder Bratsche) f-Moll op. 120/1
UT 50016	Sonate für Klavier und Klarinette (oder Bratsche) Es-Dur op. 120/2
UT 50011	Sonate für Klavier und Violine G-Dur op. 78
UT 50012	Sonate für Klavier und Violine A-Dur op. 100
UT 50013	Sonate für Klavier und Violine d-Moll op. 108
UT 50039	Sonate für Klavier und Violoncello e-Moll op. 38
UT 50040	Sonate für Klavier und Violoncello F-Dur op. 99

CORELLI
UT 50235/36	Violinsonaten op. 5, 2 Bände

DEBUSSY
UT 50173	Syrinx „La Flute de Pan" für Flöte solo

DVOŘÁK
UT 50162	Sonatine G-Dur op. 100 für Violine und Klavier
UT 50244	Werke für Violoncello und Klavier

FRANCK
UT 50174	Sonate für Violine und Klavier

MOZART
UT 50032–34	Sonaten für Klavier und Violine, 3 Bände
UT 50069	Variationen für Klavier und Violine

F. X. RICHTER
UT 50189	Sonaten für Flöte (Violine), Cembalo und Violoncello

SCHUBERT
UT 50089	Sonate für Klavier und Violine D-Dur D 384 (op. 137/1)
UT 50004	Sonaten für Klavier und Violine
UT 50087	„Trockne Blumen" für Klavier und Flöte D 802 (op. post. 160)

SCHUMANN
UT 50237/38	Sonaten für Violine und Klavier, 2 Bände

TELEMANN
UT 50187	12 Fantasien für Flöte solo

VIVALDI
UT 50175	Sämtliche Sonaten für Violoncello und Basso continuo

Violine

SONATE D-MOLL

Opus 108

1886/88

eingerichtet von/edited by
Günter Kehr

Johannes Brahms

2

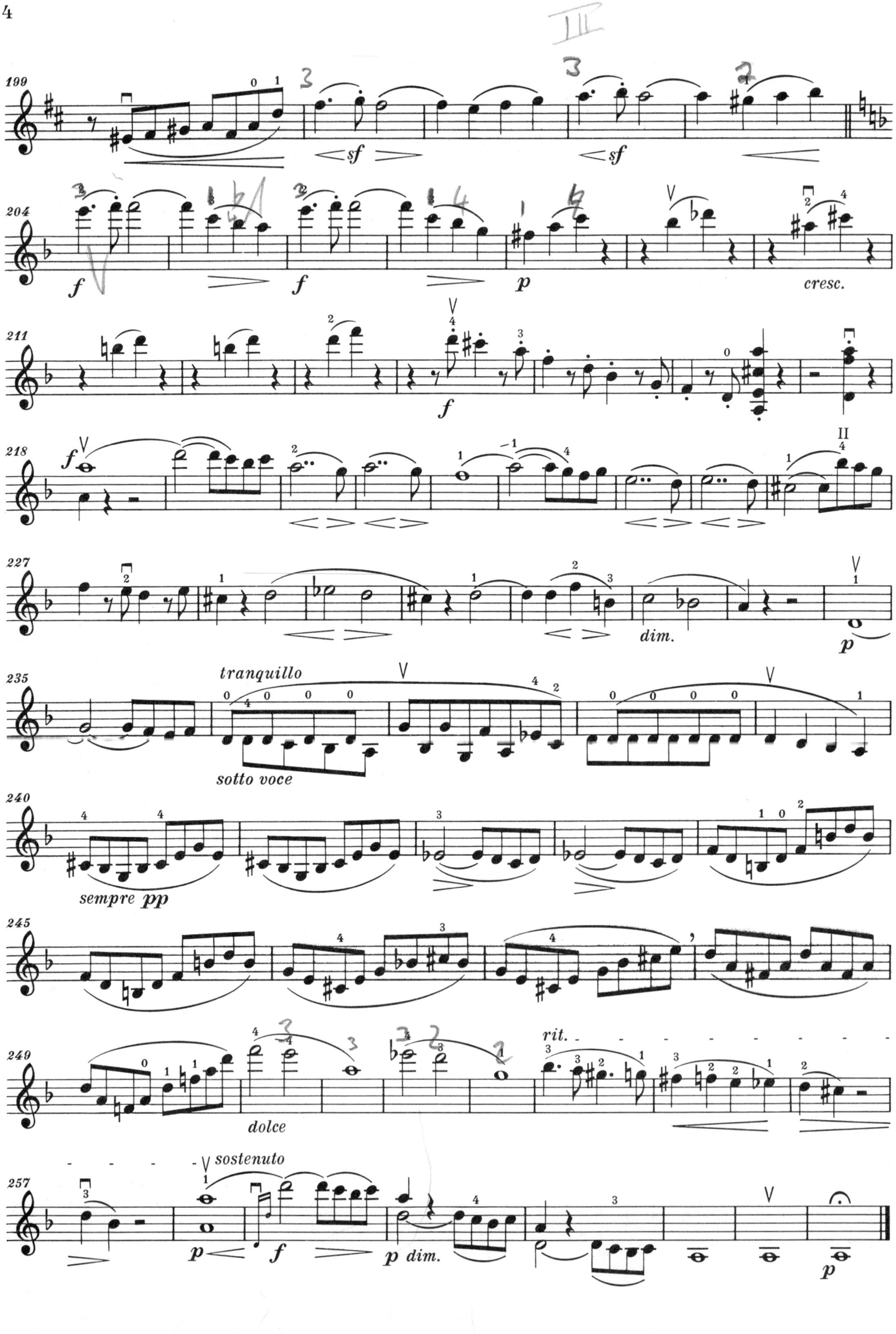
cresc.
dim.
tranquillo
sotto voce
sempre pp
dolce
rit.
sostenuto
p dim.

Un poco presto e con sentimento

8